PRÉCEPTES

AU

PEUPLE FRANÇAIS,

Par A. LIZOT, de Verneuil, Receveur de l'Enregistrement et des Domaines et Forêts du Roi à Montaigu, département de Tarn-et-Garonne.

C'est au Prince, à l'État qu'il faut être fidèle.
VOLT. Orph. de la Chine.

MOISSAC,
CHEZ CL. BROUSTET, IMPRIMEUR DE L'ARRONDISSEMENT.
1818.

PRÉFACE.

Mon but, en publiant cet ouvrage, est de ramener à des sentimens nobles et vraiment français les malheureux qui pourraient encore être égarés. Je ne prétends point à la réputation d'auteur sans défaut : je n'ai point la sotte prévention de croire que mon ouvrage soit parfait. Mais j'ai l'espoir qu'il sera bien accueilli de ceux de mes lecteurs qui, ennemis de toutes fausses maximes, et nullement accoutumés à l'art de se déguiser, ne connaissent point d'autre gloire que celle de servir fidèlement l'État et le Roi. J'ai tâché de répandre dans toutes les parties de mes préceptes la morale, la doctrine la plus pure. Ce mérite, qui ne peut être contesté, forcera sans doute au silence l'injuste et amère critique. Au reste, l'odieuse satyre, qui flétrit tout de son haleine impure, n'aura point le pouvoir de me faire rougir. Je jure de ne jamais répondre à ses attaques; et je voue dès ce moment à l'indignation des hommes de bien les sarcasmes et les traits empoisonnés que pourraient décocher sur moi la haine et la malignité de quelques ennemis de la religion et de la monarchie. Que les hommes évaporés hurlent dans les clubs ; que leurs pamphlets épouvantent le monde ; que les coteries frémissent ; voici ma devise :

DIEU, LE ROI, LA CHARTE.

Je crois devoir prévenir le public que cet ouvrage était achevé à la fin de l'été de 1817. Je pris la liberté au mois de novembre d'en adresser un manuscrit à un Ministre que sa valeur, ses vertus et ses lumières ont rendu autrefois cher aux étrangers, et, depuis la restauration, utile à son Roi et à sa patrie. Mais une maladie et d'autres circonstances m'ayant empêché de le publier à cette époque, j'y ai fait depuis quelques changemens que j'ai cru nécessaires et indispensables. Je n'ose par conséquent placer aujourd'hui en tête de mon ouvrage le nom du Grand-Homme qui a daigné en recevoir l'hommage et y répondre : je craindrais de lui déplaire ; et quoique j'aie la certitude que son nom seul imprimerait à cet écrit un mérite au-dessus de mes espérances, je ne pourrais cependant prendre cette liberté qu'en blessant toutes les convenances.

Lecteurs, permettez moi de finir cette

préface par un précepte, répété dans plusieurs chapitres de cet ouvrage. Je le reproduis ici, afin qu'il ne soit point ignoré de ceux que leur indifférence pour tout ce que leur paraîtra contenir cet écrit, d'après son titre, forcerait à en mépriser la lecture :

Vous n'êtes point à vous ; le temps, les biens, la vie,
Rien ne nous appartient, tout est à la patrie.
Les jours de l'honnête-homme, au conseil, au combat,
Sont le vrai patrimoine et le bien de l'Etat.

GRESSET. Comédie de Sidnei.

PRÉCEPTES

AU PEUPLE FRANÇAIS,

———— ✳ ————

L'ÉTERNEL tient dans ses mains les destins des peuples et la vie des rois. L'élévation et la chute des nations ont leur cause première dans la justice terrible de ce grand Dieu qui créa un ordre indépendant, immuable, souverain, dont dépendent tous les changemens merveilleux ou effroyables qui s'opèrent successivement dans le vaste univers, œuvre adorable de sa Toute-Puissance. Dieu protège et élève les peuples qui, par leur caractère noble et généreux, et leurs vertus extraordinaires, contribuent à la réformation des mœurs et à la civilisation de la terre ; mais il renverse et détruit les empires qui ne doivent leur grandeur qu'à la tyrannie et à l'injustice, et dont toute la force et la puissance gissent seulement dans l'éclat éphémère de quelques vains succès, et dans la crainte qu'inspirent au vulgaire l'arrogance et la bonne fortune des chefs. La décadence d'un Etat est proche lorsque, foulant aux pieds les ordres émanés du pouvoir suprême et légitime, le peuple, aveuglé par l'ambition, ébloui par les prestiges d'une liberté plus dure que l'esclavage, et entraîné par le torrent dévastateur des innovations, n'écoute plus que sa volonté brutale et ses désirs insatiables.

LES CRIMES DES FRANÇAIS,
ET LEUR PARDON.

J'ai vu l'impie adoré sur la terre.
Pareil au cèdre, il cachait dans les cieux
Son front audacieux;
Il semblait à son gré gouverner le tonnerre,
Foulait aux pieds ses ennemis vaincus.
Je n'ai fait que passer, il n'était déjà plus.
RACINE. Trag. d'Esther.

FRANCE, le sang de ton Roi, que tu versas il y a vingt-cinq ans, jaillit jusqu'au séjour des Justes : le sanctuaire du Saint des Saints en fut rougi, et dès ce moment la céleste milice s'arma pour t'anéantir. Quelle nation, en effet, mérita plus que toi ce terrible châtiment! O peuple ingrat et malheureux, quel a été ton endurcissement ! tu restas muet lorsque, dans le sein même de tes assemblées nationales, plusieurs héros [*], dont les noms passeront à la postérité, osèrent se déclarer pour ton souverain légitime ! Tu ne fis preuve que de lâcheté, quand une foule innombrable d'intrépides et fidèles royalistes armés par l'Etranger, combattit sur les côtes occidentales du royaume pour ta liberté, ta religion, tes lois et tes princes ! Nation aveugle ! l'histoire n'oubliera point de publier à l'univers la timidité, la complaisance, la pusillanimité que tu montras, quand le plus farouche et le plus sanguinaire des tyrans osa s'élever sur tes ruines, te frapper, te conduire au milieu des plus affreux écueils, et te livrer sans relâche à l'avidité d'une

____

[*] MM. Lamoignon, Desèze, Tronchet, défenseurs officieux de LOUIS XVI.

troupe exécrable d'ambitieux courtisans ! Eh, qui ne se souviendra pas toujours de la faiblesse, de la défiance, de la crainte, de l'insouciance et de l'incrédulité, impardonnables, que tu fis voir dans toutes tes opérations publiques et privées, quand le ciel, après avoir renversé pour toujours le soldat féroce qui t'avait enchaîné, te rendit le plus clément des Rois ! O ma patrie ! tous ces crimes abominables, et tant d'autres encore que je n'ose publier, avaient si fortement irrité contre toi le Souverain du monde, qu'il avait décidé depuis long-temps et même déjà préparé ton entier anéantissement ! Mais le Roi vertueux, victime innocente de sa rare humanité et de ton odieuse barbarie, n'a cessé depuis sa mort de prier pour ta conversion et pour ton salut : et ses larmes et ses soupirs ont appaisé le juste courroux du Très-Haut, et arraché de sa bouche adorable le pardon de tes forfaits. Cependant il n'a pu faire révoquer la condamnation des auteurs de sa mort. La puissance redoutable qui ne laisse jamais le crime impuni, a déjà atteint un grand nombre des malheureux qui ont osé proposer ce meurtre, le consommer, et le préconiser comme un acte sublime et généreux. La vengeance divine s'est aussi appesantie sur les coupables qui restent : leurs tortures ont commencé, leurs destins affreux s'accompliront........,.. que dis-je ? hélas ! ils sont Français, et à ce titre ils ont encore des droits à notre pitié. Implorons donc pour eux la miséricorde du ciel et la clémence de Louis ! Puissent-ils tous un jour, rendus à la vertu, revoir leur patrie d'où leurs crimes les ont chassés ! Leur fidélité, leurs bonnes mœurs feront alors oublier ce qu'ils ont fait : mais que la bonté du Monarque qu'ils ont offensé n'éclate en leus faveur qu'autant que sa sagesse les trouvera dignes aussi d'un pardon dont ils n'ont [la plûpart] que trop démérité.

(4)

Peuples, soyez attentifs, écoutez ! Dieu a sauvé la France. Les habitans de ce beau royaume seront heureux ; ils verront fleurir leurs cités antiques ; leurs champs seront féconds en toute espèce de productions nécessaires à la vie ; leurs ports s'enrichiront des trésors et des merveilles des régions les plus éloignées. Ils verront croître à l'ombre des lys, autour du trône de Charlemagne et de Saint-Louis une jeunesse sage, belliqueuse, l'espoir de leur patrie, la gloire de leurs drapeaux et l'honneur du genre humain. Mais ces biens que tous doivent désirer ; ces trésors que tous doivent ambitionner ; cette prospérité enfin souhaitée avec tant d'ardeur, et pour la conservation de laquelle tous les Français, réunis sous le sceptre de LOUIS-LE-DÉSIRÉ, devront, s'il est nécessaire, sacrifier leur fortune, leur repos, verser même jusqu'à la dernière goutte de leur sang, ne leur sera accordée qu'autant qu'ils conserveront toujours au milieu d'eux la bonne foi, la pudeur, l'amour du bien, le zèle pour le salut public, l'activité, l'ordre et la justice, et qu'autant encore qu'ils ne se rendront coupables d'aucune action contraire au droit des gens, contraire à la religion et à la fidélité qu'ils ont jurée à la Patrie, au Roi, et à la Charte; à la Charte, à cette constitution si juste, si conforme aux besoins du siècle, et que la sagesse elle-même a dictée, présent sacré du ciel, palladium du trône et de la liberté,

Français, le sort de la patrie est dans vos mains. Veuillez et faites le bien, et vous serez heureux. Le ciel, aux avertissements duquel vous avez si long-temps fermé l'oreille, vous protège encore : l'Eternel, que vous aviez irrité par tant d'actions criminelles, vous a tout pardonné : le mépris que vous avez fait de son nom, la profanation de ses temples augustes; l'assassinat du meilleur des Rois; le massacre de plus de vingt mille Français, glorieuses victimes de leur inviolable attachement à la religion du Christ, au trône des Bourbons, et à la bannière sans tache autrefois descendue des cieux, et que nos ancêtres ont rendue célèbre en tant de régions, et redoutable à tant d'ennemis de nos droits et de notre foi. Dieu a tout pardonné : la lâche obéissance aux ordres, aux volontés du tyran; les sacrifices honteux que quelques sujets traîtres ou pusillanimes firent encore pendant la dernière usurpation de ce monstre, pour le soutenir, le conserver; les mauvais traitements qu'on fit endurer dans beaucoup de contrées du royaume aux courageux défenseurs de la légitimité; la crainte, l'horreur qu'on inspirait aux fidèles Français qui ne pouvaient retenir leurs soupirs ni leurs larmes, quand ils songeaient aux maux inouïs que la tyrannie, la vengeance, l'injustice, l'ambition, la guerre, la famine, préparaient déjà, non seulement à la France malheureuse et coupable, mais encore à l'Europe, armée pour ses princes et sa liberté, et à toute la terre, muette et tremblante spectatrice d'nue lutte dont le résultat a été si heureux pour l'univers, et de laquelle Dieu a voulu que la justice sortît grande et victorieuse. Ah ! que d'actions de grâces nous devons à l'Être-Suprême ! Notre patrie, couverte de ruines, odieuse au monde entier, recouvre en un seul jour sa gloire et l'estime des nations. Son Roi, son père, que cette fille ingrate et parjure a trahi plusieurs fois, et méconnu pendant tant d'années, a lui-même, transporté par l'exemple de son Dieu, et entraîné par sa tendresse et sa générosité, pardonné tout et tout oublié !.......... O sublime magnanimité ! ô divine clémence ! ô rare et courageux héroïsme ! Monarque chéri des cieux, noble, digne et puissant héritier du sceptre et des vertus immortelles du vainqueur de la ligue, quelle plume oserait aujourd'hui entreprendre de vous louer ! Toutes vos actions, sages et équitables, sont au-dessus des plus pompeux éloges. Grand Roi, vous avez conquis votre royaume; vous avez pardonné à vos ennemis; vous vous êtes montré et vous vous montrez sans cesse le père de votre peuple; vous êtes digne de régner : Dieu vous protégera; et la patrie que vous avez sauvée et rendue bientôt à son ancienne splendeur, vous adore et vous chérira toujours : votre nom, uni à celui d'HENRI-LE-GRAND, sera partout répété; et nos neveux qui, comme nous, vous devront leur bonheur et leur gloire, vous béniront jour et nuit dans leurs pieux cantiques.

Français, soyez justes et fidèles, et vous n'aurez plus à rougir de vos erreurs passées. L'univers, touché de votre repentir, vous rendra son estime. Réveillez-vous donc, ô Français ! ouvrez les yeux ! voyez, contemplez cette longue suite de siècles prospères qui devra sa naissance à vos vertus, à votre retour vers Dieu, et à votre fidélité aux principes sacrés de la légitimité ! Enfin, que tout citoyen, jaloux de l'estime de la nation, n'écoute plus que l'instinct de sa conscience, dirigé par la sagesse ! que, dégagé de toutes passions, de toute exagération, il marche avec le Gouvernement ! qu'il ne se laisse influencer par aucun parti ! que l'intérêt du trône et de la patrie l'emporte toujours dans son cœur sur l'intérêt d'une faction ambitieuse et égoïste !

INVOCATION.

O toi puissant génie, qui m'as inspiré le noble dessein d'instruire et d'éclairer ceux de mes compatriotes auxquels la Sagesse a refusé jusqu'à ce jour la lumière de son céleste flambeau, daigne, je t'en conjure, daigne soutenir ma voix, et prête à mes paroles la sublimité de tes divines pensées !

CHAPITRE PREMIER.

A tous les Français.

> O bonheur ! quelle aurore a dissipé les ombres ?
> L'espérance descend vers ce peuple abattu ;
> Le plus beau jour succède aux voiles les plus sombres :
> LOUIS nous est rendu.
> Respirez, renaissez, provinces allarmées ;
> Couronnez-vous de fleurs, signalez vos transports,
> Employez vos clairons, triomphantes armées,
> Aux plus heureux accords.
>
> GRESSET. Ode 9.

LA monarchie constitutionnelle, sortie comme par enchantement des ruines du trône que les crimes, la fureur et le daspotisme le plus odieux ont trop long-temps souillé de sang et de rapines, a triomphé de tous les efforts de ses lâches et astucieux ennemis, et reparu victorieuse à l'ombre de la paix : et les peuples, saisis d'admiration et de respect, ont déposé devant elle leur ressentiment et leur haïne. La France, revenue de ses erreurs, arrachée de sa léthargie, tressaille de joie au seul nom de son Roi qui lui pardonna, et qui, touché de son repentir et pénétré de ses besoins, accourut au milieu des glaives étincelants contracter avec elle une alliance sacrée dont la base est l'amour ; l'esprit, la justice ; et la force, l'égalité qu'elle proclame. Que la bonne foi dirige donc aujourdhui toutes nos actions. La charte, défendue contre le torrent des passions et des souvenirs, assure au trône une stabilité éternelle, et procure à la patrie l'indépendauce et l'honneur. Le choc des opinions, monstre toujours affamé de révolutions, hydre cruelle et audacieuse dont les têtes sans cesse renaissantes menaçaient d'engloutir la patrie, a pâli et disparu à la voix d'un nouvel Alcide accoutumé à vaincre par la clémence, première vertu des vrais héros, vertu qui seule suffirait encore pour élever Louis au-dessus de l'illustre fils d'Alcmène. Désormais nous obéirons et nous serons unis; désormais l'autorité seule du Roi sera victorieuse, parceque seule [comme l'a dit un écrivain] elle n'est humiliante pour personne, et que sa force protège ceux même qu'elle réprime.

Français, qu'il n'existe donc plus parmi vous d'injustes partis! n'ayez plus de craintes, ni d'alarmes! rassurez-vous, respirez! fuyez les lâches, les hypocrites qui voudraient encore vous égarer. Quelques-uns prétendent-ils qu'on vous trompe? qu'ils le prouvent publiquement et sans détours........ Ils se taisent........ Leur silence vous dénonce assez les rêves de leur imagination inquiète, ou leur perversité. D'autres, par d'absurdes calomnies, cherchent-ils à vous rendre odieux un Monarque, une famille, qui ont tant de droits à notre reconnaissance et à notre amour? fermez l'oreille à leurs discours mensongers, à leurs instigations coupables; méprisez, brûlez leurs écrits perfides : faites plus, dévoilez sans retard leurs artifices, leurs trames ourdies dans le silence et la nuit! Un exemple arrêtera la contagion. Lorsque les méchants ne trouveront plus de langues prêtes à répéter leurs cris de révolte, lorsqu'ils ne rencontreront plus d'yeux disposés à lire leurs libelles insolents et insidieux, leurs bouches impures se tairont, leurs plumes pernicieuses tomberont de leurs mains sacriléges. Alors vos belles cités, vos riantes campagnes, ne seront plus exposées à l'égarement, ni entraînées à la révolte, suites toujours certaines de la confiance que savent s'attirer par l'impunité de leurs crimes ces brigands forcenés qui ne prêchent que le désordre et les attentats, et qui souvent, par les plus vils et les plus faibles moyens, réussissent à porter à porter un coup terrible à la tranquillité publique, aux bonnes mœurs, à la religion et aux lois les plus justes et les plus fermes. O vous donc qui aimez véritablement la patrie, le Roi et votre liberté, n'hésitez point à démasquer les fourbes, à rompre les fils de leurs lâches trahisons, à déjouer leurs sinistres projets, et à détruire dès sa naissance le germe de la corruption ! Alors vous vous montrerez Français ; alors la patrie vous aura des obligations : et Dieu et le Roi sauront vous récompenser de votre zèle, de vos veilles et de votre dévouement.

CHAPITRE II.

Aux Calomniateurs.

Depuis que je suis né, j'ai vu la calomnie
Exhaler les venins de sa bouche impunie.
. . . .
Ses serpents sont nourris de ces mortels poisons
Que dans les cœurs trompés jètent les factions.
De l'esprit de parti je sais quelle est la rage !
. . . .

Volt. Tancréde.

LA calomnie est l'arme des lâches. Que de ravages cette

épouvantable furie a exercés en 1815 et en 1816 dans nos villes et dans nos hameaux ! Instrument de vengeance des intérêts lésés et des opinions exagérées, on l'a vue dans ces temps d'orages, serpent dangereux, vil reptile, se glisser dans les conseils de sureté publique, et là décider avec audace du sort des familles, et faire prononcer, sur des rapports qui n'avaient d'autre authenticité que celle que sa bouche horrible leur imprimait, la destitution et l'exil de l'innocence qui avait osé lutté contre l'ambition et crier à l'injustice. Oh ! qu'ils étaient aveugles et coupables les hommes qui, par cette voie odieuse et leur excessive intolérance, espéraient enchaîner l'opinion d'autrui, la contraindre à renoncer à elle-même en la forçant à se soumettre à leurs combinaisons ambitieuses et à accepter un systême de gouvernement qui ne promettait d'autres libertés que celles que l'amour-propre et l'intérèt personnel de ses auteurs auraient voulu céder ! La France allait périr par la faute de ceux même qui croyaient l'avoir sauvée : la monarchie, renversée de nouveau, allait disparaître pour toujours au milieu du sac de la patrie ; lorsque la Charte qui fut donnée par le plus sage des Rois au peuple le plus capable d'en sentir tout le prix et toute la générosité, fut offerte pour la seconde fois comme une garantie de tous les intétêts. La Charte ne prononce aucune exclusion, elle établit l'égalité ; elle appèle tous les Français à tous les emplois, à toutes les dignités. Que ceux donc qui voulaient en 1815 commander par la force et la terreur, ouvrent les yeux sur les dangers imminents d'une entreprise aussi inconstitutionnelle ! Que ceux aussi qui voulaient à cette même époque marquer du sceau de la répropation tant de malheureux plus aveugles que coupables, reviennent sans tarder à des intentions plus modérées ! Voudrait - on, hélas, reproduire à nos yeux ces scènes d'horreur et de barbarie !...... O vous, qui vous dites les amis du Roi et de la monarchie, pourriez-vous avoir conçu de semblables desseins ! non, non, ces affreux projets ne peuvent être ceux d'hommes éclairés et partisans d'un gouvernement paternel.

Français, que toute réaction finisse ; que les dénonciations cessent ! Louis a abdiqué ces moyens de vengeance et de rigueur : suivons un si bel exemple. Les grands coupables sont bannis........ Ah ! que leurs gémissements, que leurs regrets, que leur repentir, s'ils sont vrais et sincères, fassent bientôt disparaître l'espace qui les sépare des objets de leurs soupirs et de leurs larmes ! Qu'un pardon généreux, s'ils le méritent, les rende un jour à leurs pénates affligés ; et que tous les bons citoyens, écho du héros du midi, portent et répètent sans cesse à l'avenir cette noble devise : UNION ET OUBLI !!!

Dénonciateurs méchants et odieux, quand cesserez-vous donc de rugir et d'attenter à l'honneur d'autrui ? Infames, craignez que je ne dévoile à l'univers vos coupables actions ! Vous avez servi le tyran : vous avez dépouillé la veuve du seul trésor qui l'attachait à la vie : après lui avoir ravi son or, vous avez vendu son fils unique, l'espoir de sa vieillesse et sa seule consolation dans son triste veuvage. Je vous connais, êtres pervers ! Vous avez voulu tromper d'intègres magistrats. Vous avez cherché à surprendre la confiance des premiers de l'Etat en affectant une probité, un dévouement, qui n'ont d'autres racines ni d'autres sources dans vos cœurs dépravés, que l'ambition, la haine et le cruel plaisir de nuire à l'honneur, qui vous méprise, et à l'innocence, qui vous fait rougir. Vous avez voulu vous élever en précipitant dans le malheur et l'ignominie des hommes qui vous ont autrefois reproché vos crimes er vos rapines. Vils calomniateurs, espérez-vous pouvoir cacher toujours la noirceur, la bassesse de votre âme ? Prétendez-vous encore que des magistrats, que leurs vertus ont placés à la tête d'une nation généreuse, gouvernée par le plus éclairé des Princes, donneront aveuglément dans les pièges que vous tendrez à leur religion ? Fol espoir, inutiles efforts! le voile est levé : la justice, la raison, ont repris leur empire. Hommes corrompus, revenez à de plus nobles sentiments ! Si vous desirez qu'on oublie le mal que vous avez fait ou cherché à faire, renoncez à l'affreux systême qui vous a rendus, dans un aussi court espace de temps, les plus redoutables ennemis de l'ordre et de l'union. Que la voix de l'honneur ne vous parle point envain ! corrigez-vous : et le public, satisfait de ce retour sur vous-mêmes, croira, avec moi, que vous n'avez été qu'égarés.

Et vous, Français, qui voulez être estimés et n'avoir rien à vous reprocher, ne vous liez point d'amitié avec ceux de ces malheureux qui persisteront dans leurs coupables manœuvres. Eloignez-vous de ces monstres vendus aux cabales, lâches artisans de fraudes et d'injustices, et tous enfans du mensonge et de l'astuce. Mais n'hésitez point, je vous le répète, à dévoiler les complots des ennemis de l'Etat et du Roi : car autant il est honteux et criminel d'accuser l'innocence et de chercher à perdre la vertu, autant il est noble et généreux de faire connaître au Souverain les hommes qui, honorés de sa confiance, s'en rendent indignes par leurs injustices, leur méchanceté et leurs vexations.

CHAPITRE III.

Aux Electeurs et aux Députés.

> Il est temps de sauver d'un naufrage funeste
> Le plus grand de nos biens, le plus cher qui nous reste ;
> Le droit le plus sacré des mortels généreux,
> La Liberté : c'est là que tendent tous nos vœux.
>
> *VOLT. Tancrède.*

LA loi des élections, juste et nationale, resserre les nœuds de l'alliance de LOUIS-LE-DÉSIRÉ avec son peuple, et fait honneur aux Ministres que la jalousie et autre passion plus puissante encore ont voulu signaler aux Français comme ennemis de leurs droits, et surtout d'un gouvernement représentatif. Les Français, appelés par cette loi à concourir à la formation d'une chambre de représentans de la nation, doivent, dans leur résolution, ne prendre pour guide que leur propre conscience, et ne consulter que la connaissance que leur a fournie du cœur humain vingt-cinq années de malheurs et d'opprobres. Leur choix alors, libre et prudent, ne se portera que sur des hommes connus par leur loyauté, leurs lumières, et leur attachement au trône et à la personne sacrée d'un Monarque qui ne veut dans les députés que franchise et modération, et qui ne demande que la gloire et le bonheur d'un peuple qu'il a encore trouvé digne de sa tendresse et de ses sollicitudes. Heureuse, ô mille fois heureuse la nation qui a pour Roi un autre Louis ! [*]

O vous, que le choix du peuple a appelés et appelera dans le sanctuaire de la législation et de la liberté, mortels, qui avez reçu du ciel le don de vous enrichir de la confiance et de l'estime de la nation, souvenez-vous qu'elle se repose sur votre intégrité et vos lumières ! Vous ne la tromperez point. Non : ses droits ne seront point oubliés là où ils doivent être défendus. La charte à la main, vous ferez justice à ses demandes et à ses besoins. Vous soutiendrez la cause du Souverain, parcequ'elle ne fait qu'une avec celle de son peuple dont vous êtes et serez toujours les fidèles organes. S'il fallait combattre pour la légitimité, pour l'intérêt public, vous nous rasembleriez autour du trône, et rangés avec vous sous les drapeaux de Louis, nous marcherions où l'honneur et la justice appeleraient nos armes. Députés, prenez courage ! le vaisseau de l'Etat, battu si long-temps sur une mer orageuse par les plus effroyables tempêtes, surmontera tous les obstales, arrivera bientôt au port, et le bonheur et la prospérité de la nation que vous immortalisez, seront votre récompense et votre gloire.

-----

[*] La Pologne surtout peut se glorifier d'un semblable bonheur. Alexandre est grand et généreux, et la liberté des Polonais lui est aussi chère que leur obéissance.

CHAPITRE IV.

Aux habitans de Villes maritimes.

> O règne heureux de la nature,
> Quel Dieu nous rendra tes beaux jours !
> Justice, égalité, droiture,
> Que n'avez-vous régné toujours !
>
> GRESSET. Siècle past.

LA France, sur laquelle plane un génie bienfaisant, produit tout ce qui est nécessaire à la vie. Donnons donc toujours, ô mes compatriotes, la préférence aux ouvrages de nos manufactures. De cette manière nous encouragerons l'industrie nationale, et nous pourrons, si les circonstances un jour l'exigent, nous passer facilement des productions de l'étranger. Cependant les législateurs des peuples ont toujours reconnu que le commerce enrichissait l'Etat. Ne prohibons pas alors tout trafic avec les autres nations : au contraire, ouvrons nos bassins à leurs riches navires, et que tout marchand trouve en France : Justice et Sureté.

Peuples qui habitez les contrées maritimes, soyez justes envers les étrangers. Ne cherchez point à les tromper. Soyez humains, hospitaliers, francs et désintéressés. Par cette conduite vous releverez l'honneur du nom français ; votre urbanité, votre douceur, votre probité, attireront dans vos ports les vaisseaux des nations les plus opulentes ; l'abondance rentrera de toutes parts dans vos murs ; enfin tout ce que la terre, les fleuves, les mers renferment de plus précieux dans leur sein, viendra enrichir la patrie. Mais que ces trésors, ô Français, ne servent point à vous corrompre ! Ne les recevez que pour en embellir les temples de la divinité, les palais des princes, et les monuments nationaux ; ou bien plutôt encore ne les recevez que comme un dépôt que vous devrez remettre aux peuples qui viendront vous apporter en échange des biens plus nécessaires. Que cette abondance de toutes choses n'augmente point le luxe ! que les parfums, les pierreries ne vous efféminent point ! Ne perdez jamais le souvenir de votre noble origine ! Enfin, que la paix, que le repos dont vous jouissez ne vous arrache point les forces, la vigueur, le courage que doivent religieusement conserver de fidèles sujets toujours prêts à combattre, à vaincre, à triompher, non pour voir couler le sang, non pour étendre leurs conquêtes, mais pour faire respecter les droits de leur légitime Souverain, et pour assurer aussi leur bonheur et leur indépendance !

CHAPITRE V.

Aux Cultivateurs.

Ah ! loin des fiers combats, loin d'un luxe imposteur,
Heureux l'homme des champs, s'il connaît son bonheur !
. . . .
C'est dans les champs qu'on trouve une mâle jeunesse ;
C'est là qu'on sert les Dieux, qu'on chérit la vieillesse ;
La Justice, fuyant nos coupables climats,
Sous le chaume innocent porta ses derniers pas.

DELILLE --- *Géorg. de Virg.* [*]

LE labourage fut en honneur chez tous les peuples de la terre. Le saint patriarche que Dieu choisit pour être le chef d'une tribu de laquelle devait sortir un jour le Sauveur du monde, cultivait lui-même ses immenses possessions; et sa sagesse, sa justice le firent aimer et respecter des autres rois de l'orient. Les Egyptiens qui ne tournaient leur esprit qu'aux choses utiles, ont adoré le grand Osiris, particulièrement, comme l'inventeur de l'agriculture. Les Grecs élevèrent des autels à Triptolème qui leur avait enseigné le labourage que lui-même avait appris de Cérés.

[*] O fortunatos nimiùm, sua si bona orint,
Agricolas. *Georgicorum lib. 2.*

Ulysse, le sage Ulysse, roi d'Ithaque, fut trouvé conduisant la charrue, lorsque Palamède vint l'engager, de la part des Atrides, à s'armer contre la superbe Troie. Rome respecta les cultivateurs, leur décerna des couronnes ; et cette illustre république fut redevable de ses plus beaux jours, de ses plus nobles triomphes, à des mains endurcies par le travail des champs. Aujourd'hui encore la fête des laboureurs se célébre dans la Chine avec une pompe éclatante [*]...... Mais jamais, non jamais chez aucun peuple de la terre l'agriculture ne fut honorée par autant de mains guerrières et victorieuses qu'elle l'est en ce moment dans notre belle patrie. La France dut en tous temps sa prospérité à la richesse de son sol ; aussi protégea-t-elle toujours les cultivateurs ; aussi encourage-t-elle encore leurs nobles efforts par d'honorables récompenses.

Estimables Laboureurs, réjouissez-vous donc ! Votre profession ne sera jamais méprisée en France. Ne rougissez point de conduire la charrue ; que vos mains, accoutumées aux travaux pénibles, ne se souillent point du sang de vos semblables, n'empiètent point sur le bien d'autrui. Alors vous serez toujours estimés et honorés ; votre application à cultiver la terre sera abondamment récompensée. Ces plaines couvertes d'épis dorés ; ces côteaux d'où pendent ces pampres si fiers de leurs raisins qui se colorent déjà ; ces champs ombragés d'arbres de toute espèce dont les branches semblent se détacher des troncs pour offrir aux moissonneurs altérés les fruits délicieux

---

[*] Voir une relation de la cérémonie du labourage en Chine, par un Jésuite, insérée dans les questions sur l'Encyclopédie au mot *Agriculture.*

dont elles sont chargées ; ces paisibles vallons qu'arrosent mille ruisseaux limpides dont l'onde murmure sur un lit de mousse et de fleurs ; ces prés où bondissent vos nombreux troupeaux de grasses génisses, de fiers coursiers, de tendres brebis qui broûtent le thym et le serpolet ; ces verts bocages où vont s'asseoir les jeunes bergères dont les chants, s'unissant aux doux sons de la flûte pastorale et aux soupirs amoureux des ramiers, font retentir les échos du rivage et gémir les nymphes des fontaines ; quel riche........ quel ravissant spectacle pour le voyageur sensible ! Il s'arrête........ il s'écrie : « ô heureux le peuple
» qui goûte au sein de la paix un bonheur aussi pur ! qui
» voit devant lui la source de sa prospérité et qui s'efforce
» de l'accroître par ses vertus ! O Nation, aujourd'hui trop
» fortunée, quel fut autrefois ton aveuglement ! Un génie
» destructeur, furieux, t'arracha aux sciences et à tes
» occupations champêtres pour te conduire ravager la terre.
» Tes crimes qu'illustrèrent tes sanglantes victoires attirè-
» rèrent chez toi les étrangers armés de fers vengeurs. Loin
» de te repentir tu osas insulter les rois : ils parurent ; le
» sang rougit tes fleuves, le feu brûla tes villes ; l'horreur,
» la peste, la famine, te réduisirent au désespoir : mais
» du fond de l'horrible précipice où tes forfaits t'avaient
» plongée, le bras de Dieu vint tout-à-coup t'arracher à
» son tour. Tu reparus honteuse et repentante : et ton
» Roi, daignant oublier ta lâche désertion, accourut à tes
» cris t'offrir de nouveau le gage de son amour, et te rendre
» les biens, les trésors que j'admire, et que le démon de la
» discorde t'avait ravis. O coupable peuple, puisse ton
» repentir être sincère aujourd'hui ! puisse le bonheur dont
» tu jouis sous le règne du plus sage des monarques,

» planer jusqu'à la fin des temps sur le sol qui t'a vu naître,
» et qui t'ouvre son sein pour que tu en retires l'abondance
» dont le ciel veut désormais récompenser ta fidélité ! »

Français, ce bonheur, cet aimable repos ne sont-ils pas plus touchants que la gloire de répandre le carnage et l'horreur ? Étrange aveuglement des hommes ! L'action la plus coupable, si elle sert notre ambition, paraît à nos yeux l'action la plus noble. Un conquérant farouche n'écoute que ses passions. La voix même de la nature ne peut pénétrer son cœur endurci. Il veut, et malheur à quiconque ose contrarier ses désirs ! Il parle, et le sang des victimes qu'il traîne à sa suite baigne les sillons ! Rien n'arrête sa marche audacieuse. Semblable à un torrent qui se précipite du sommet d'une montagne, il renverse tout ce qui s'oppose à sa course ; il détruit les villes, les hameaux ; il sème partout la terreur et la mort ! Français, vous avez été témoins de ce cruel spectacle ; vous fûtes les victimes........ peuple malheureux, le ciel t'offre un avenir plus riant ! je t'en ai peint l'aurore....... Réveille-toi, contemple l'astre majestueux qui s'avance à tes cris ; il sourit à tes vœux ; il vient enfin t'arracher au déshonneur ! Français, cet astre est votre Roi. Louis, par sa sagesse, par sa clémence, a tari la source de vos larmes ; Louis vous a sauvés !..... Ah ! que ce Monarque soit l'idole de vos cœurs ! Donnez-lui enfin des preuves de votre gratitude ! Son règne, que vous devez chérir, sera l'admiration des siècles futurs ; son nom vivra autant que l'univers ; et ses successeurs, jaloux de l'imiter et de le suivre au séjour de la gloire et de l'immortalité, auront sa clémence, sa bonté, sa justice ; et la France, sous les Bourbons, sera éternellement heureuse.

CHAPITRE VI.

Aux Riches paresseux et aux Sophistes.

> Vains mortels, que du monde endort la folle ivresse,
> Écoutez, il est temps, la voix de la sagesse !
>
> J. B. ROUSSEAU. Épode.

IL n'est point permis d'être inutile à l'Etat. Chaque profession doit être honorée, et on ne peut sans crime mépriser les citoyens dont les travaux, quels qu'ils soient, contribuent au bien public. Tout Français doit se livrer dès l'enfance à l'étude de la sagesse. Imitons les Egyptiens : que chez nous aussi les fainéants ne sachent où se cacher. Ne nous contentons point d'admirer les belles constitutions de cette nation illustre : cherchons à pratiquer les vertus qui lui ont mérité dans l'antiquité, et depuis encore, le nom glorieux de premier peuple de l'univers.

Philosophes orgueilleux qui vous consumez dans une stérile contemplation de vous-mêmes, dangereux ennemis de la raison et de la saine morale, méprisables auteurs de sophismes impurs, de systèmes incohérents, et d'absurdités repoussantes, cessez tous enfin de corrompre les hommes ; retirez de la société vos pernicieux ouvrages ; ne prêchez plus l'immoralité. Si vous êtes assez malheureux pour n'être guidés que par le génie du mal et de l'erreur; perdez-vous seuls, mais ne cherchez point à propager vos criminelles doctrines !... Que dis-je ! hommes aveugles, si vous voulez encore écouter l'instinct de votre conscience, suivre l'impulsion de votre cœur, vous abjurerez vos dogmes, et n'employerez à l'avenir vos talents qu'à éclairer vos concitoyens sur les devoirs qu'ils ont à remplir envers Dieu, envers l'Etat et envers leurs semblables !

Et vous, favoris de l'aveugle fortune, riches paresseux qui n'aimez que les vains plaisirs et qui ne cherchez dans l'oisiveté que le temps et l'occasion de vous corrompre le cœur, pensez-vous que le ciel vous ait créés pour être les faibles jouets de vos désirs et d'une honteuse folie ? Ah ! croyez-moi ; dépouillez-vous de ce faste, de cette arrogance ! quittez ces tables somptueuses ! sortez de vos palais ! Mortels insensibles et indolents, redoutez le jugement de la postérité ! La renommée un jour, ou le burin de l'histoire, en publiant votre mollesse, déshonorera votre nom et vouera vos mânes au mépris de votre propre sang.... Vous pâlissez..... Pour éviter cette infamie, employez donc tous les instants de votre courte existence à bien servir la patrie, soit dans les camps, soit dans le barreau, soit dans les administrations, soit enfin en cultivant vous-mêmes l'héritage de vos pères. Cette plaine, que vous voyez couverte de riches moissons, fut jadis défrichée par vos aïeux. Dans cette chaumière naquit et mourut celui qui le premier illustra votre nom. Sous ces chênes antiques, que vous voyez au pied de ce roc dont le flanc vomit l'onde pure que vous entendez murmurer au fond de ce bosquet de coudriers, vos ancêtres, dont les cendres reposent sous l'autel de ce temple rus-

tique qu'ont respecté les hâches des républicains farouches ,
rassemblaient chaque soir à leur table tous les honnêtes
habitans du village. L'innocence et la gaieté présidaient
à ces repas frugals ; et quand la nuit avait déployé ses
voiles, les aimables convives se séparaient en chantant
la bravoure et la courtoisie du Roi, et en jurant tous
ensemble de vaincre et de mourir pour sa gloire et son nom.

Français, que l'orgueil d'un vain titre ne vous fasse
jamais mépriser les autres hommes ! La véritable grandeur
consiste dans la vertu et non dans la naissance. Le mérite
seul fait la noblesse ; mais l'éclat d'un grand nom doit
être respecté si le mortel heureux qui en est revêtu,
ne le ternit par aucune infamie ; si, marchant sur les
traces de ses vertueux aïeux, il montre cet amour du
bien, cette ardeur, ce courage héroïque qui les firent
admirer et chérir des anciens Français, et qui leur méri-
tèrent l'estime et la reconnaissance de leur Prince. Ah !
qu'un homme sensible doit ressentir de joie et de tendres
émotions, en reposant au pied des arbres majestueux dont
les branches orgueilleuses ombragèrent dans sa vieillesse
le front couvert de cicatrices de son illustre bisaïeul !
Qu'il doit aimer les lieux qui furent témoins des actes
de bienfaisance du héros dont il porte le nom, et dont
la mémoire sera toujours chère aux habitans de la contrée !
Nobles, c'est à vous que je parle. Ne rougissez point de vous
mêler avec les laboureurs. Votre fortune, vous le savez,
est dans leurs mains. Traitez-les avec humanité, honorez-
les : ils vous chériront ; ils auront soin de vos terres,
ils les cultiveront comme leur bien propre, et alors vos
revenus augmenteront. Surtout envoyez vos enfants au
hameau : qu'ils prennent part aux amusemens, aux exer-

cices des jeunes villageois. A mesure que les forces de vos fils se développeront, leur agilité, leur adresse, leur courage, leur intrépidité s'accroîtront. Ils apprendront aussi que la nature a doué les bergers des mêmes avantages qu'elle leur a accordés. Ils se verront souvent renversés, vaincus, mais leurs vainqueurs seront généreux ; et vos enfants sauront alors secourir et consoler un jour ceux sur lesquels aussi la force, ou le hasard, leur donnera la victoire. Enfin, ils recevront dans ces combats innocents mille exemples de courage, d'adresse et d'humanité ; vertu sainte et précieuse, et trop souvent oubliée parmi nous !

Vos enfants élevés ainsi respecteront tous les hommes, les aimeront, les regarderont comme des frères : l'orgueil, la vanité, ne corrompront point les semences de vertu dont leurs jeunes cœurs seront remplis. Ils écouteront avec humilité les réprimandes que leur attireront de votre part, ou de celle des maîtres auxquels vous confierez leur éducation, les fautes qu'ils commettront par légéreté, par imprudence, et souvent même par un excès de bon cœur. Car, comme les mauvais exemples seront soigneusement écartés de leur présence ; comme ils ne connaîtront le vice que du côté le plus affreux ; qu'ils n'entendront parler d'aucune action honteuse qu'avec indignation ; vos enfants, ô pères heureux, n'oseront jamais s'écarter du sentier où vous aurez engagé leurs premiers pas : ils haïront le crime ; ils détesteront les méchants ; ils fuiront le danger de se perdre ; enfin ils auront horreur de tout ce qui pourra blesser l'innocence de leurs cœurs, et compromettre leur honneur et leur loyauté.

CHAPITRE VII.

Aux Pères et Mères.

> Oui , les soins paternels , une sage culture ,
> Peuvent orner encor les dons de la nature ,
> Et dans les jeunes cœurs affermir les vertus ;
> Mais quand des bonnes mœurs le souvenir s'efface ;
> Le vice les remplace ,
> Et les présents du ciel sont déjà corrompus.   [*]
>
> P. DARU. *Trad. d'Hor.*

L'ÉDUCATION développe le jugement de l'homme dans son enfance, agrandit son âme, élève ses pensées, et fortifie les vertus et la sagesse dans son cœur, encore innocent et droit. Oh ! qu'un père est coupable, lorsque pouvant faire instruire son enfant, il préfère entasser richesses sur richesses et abandonner cet être faible et naturellement paresseux, à son propre instinct ! qu'il est coupable encore le père qui, par sa faiblesse, laisse croupir son fils dans

[*] Doctrina sed vim promovet insitam,
Rectique cultus pectora roborant ;
&c. . . . .

HORACE. *Ode 3. Liv. 4.*

l'ignorance, et l'encourage, par son exemple, à chercher le vice, à fuir la vertu ! O vous qui connaissez tout le prix de l'éducation, tenez-vous en garde contre la faiblesse de votre cœur ! Sachez aimer avec fermeté. Vous êtes pères : votre âme plus forte doit agir avec plus de courage que ne peut le faire celle d'une mère. Préférez le bonheur futur de vos enfants aux plaisirs vides et passagers qu'ils peuvent goûter aujourd'hui dans le sein de la mollesse et de l'inaction.

Pères et mères, quel que soit le rang que vous teniez dans ce monde, ne négligez jamais l'éducation de vos enfants. Sachez tous qu'un homme sans éducation n'est trop souvent qu'une machine dangereuse que les passions et les partis font agir et tourner à leur gré et à leur avantage privé, toujours contraire à l'avantage de la société. Sachez aussi que vos enfants ne sont point à vous. Ils appartiennent en naissant à une tendre mère qui les réclame, qui les appelle à elle, qui leur tend les bras : ne les lui refusez point : la patrie a besoin d'eux. Cette jeunesse fière et robuste sera son ornement, sa force, sa consolation et son espoir. Mères vertueuses, donnez donc à vos fils, avec le lait de votre sein, le vrai principe de vie, de cette vie pure qui nous fait survivre à nous-mêmes. Que la crainte de Dieu, que l'amour du bien s'accroissent dans leurs cœurs avec le respect qu'ils vous doivent, avec le désir ardent qu'ils auront bientôt de se distinguer aussi, de suivre dans la carrière qu'ils embrasseront les préceptes d'honneur que vous leur aurez enseignés. Inspirez leur sans cesse la noble ambition de se montrer dignes des plus grands emplois. Enfin qu'ils apprennent de vous à aimer leur Roi légitime, et qu'à sa voix un jour ils volent sans hésiter à la gloire et à la mort. O que vos cœurs, pères et mères respectables, tressailliront tendrement lorsque vous vetrez croître en sagesse et en vertus de jeunes citoyens remplis de respect et d'amour pour le ciel et pour vous, de bienveillance et de charité pour leurs semblables, d'admiration et de dévoue- pour le Roi, la Patrie et la Charte !

Mais hélas ! si quelque affreux et méchant génie s'empa- rait de l'esprit de votre enfant, malgré tout ce que vous auriez pu faire pour nourrir dans son cœur le goût du bien, écoutez, ô père infortuné ! le sacrifice que j'exige de vous est pénible, je le sens : cependant votre honneur, votre félicité même, et l'intérêt public le commandent, l'ordon- nent impérieusement ; si votre fils ne veut point écouter vos sages conseils, s'il refuse de vous obéir, s'il s'adonne jour et nuit à la plus honteuse débauche, s'il ne fréquente que de vils libertins, que des êtres entièrement dépravés, dont l'opinion et la conduite soient suspectes, faites-le arrêter : obtenez du Gouvernement l'autorisation de l'expa- trier vous-même ; envoyez-le dans quelque contrée loin- taine, donnez lui en s'embarquant l'or nécessaire pour son voyage et pour former dans le lieu où il se fixera un établissement qui puisse lui procurer une existence honnête. Votre fils, alors livré à lui-même, n'écoutera plus que la voix du repentir : il rougira de sa conduite passée ; il s'appliquera à mériter l'estime et la confiance des peuples qu'il regardera comme ses concitoyens ; il maudira les erreurs, les folies, les crimes de sa jeunesse ; il implorera le secours du ciel ; et Dieu qui lit dans tous les cœurs, voyant sa conversion sincère, le protégera, le consolera, et lui pro- curera un jour l'occasion heureuse de revoir la maison paternelle......... O toi, père courageux et véritablement aimant, qui, en te privant d'un fils unique, as préféré courir le danger de le perdre pour toujours, plutôt que de le voir se livrer continuellement à toutes sortes de désordres, et s'exposer à mourir ignominieusement de la main du bourreau, quelle sera ta joie, ton ivresse, lorsque tu presseras sur ton cœur ce fils rendu à la vertu et à ton amour ; lorsque tu sentiras les larmes brûlantes du repentir de t'avoir autrefois offensé, mouiller tes cheveux blancs, arroser ton front ridé par les chagrins et les années ! quel sera ton bonheur lorsque, près d'expirer, ta main rencontrera sa main empressée à te prodiguer tous les soins, toutes les caresses qu'un enfant véritablement chrétien doit à ceux qui lui ont donné le jour ! Tu te sentiras descendre dans la tombe, et tu ne frémiras point : ton agonie sera douce, parceque les remords ne poignarderont point ton âme juste : le dernier objet qui fixera ton regard mourant sera ce fils que tu avais éloigné de toi parcequ'il était méchant et corrompu, et que Dieu, après l'avoir rendu bon et vertueux, a ramené assez tôt encore pour recevoir ton dernier soupir.

———※———

CHAPITRE VIII.

Au Peuple et aux Ministres de la religion.

> Les cieux instruisent la terre
> A révérer leur auteur :
> Tout ce que leur globe enserre
> Célèbre un Dieu créateur :
> Quel plus sublime Cantique
> Que ce concert magnifique
> De tous les célestes corps !
> Quelle grandeur infinie !
> Quelle divine harmonie
> Résulte de leurs accords !
> J. B. ROUSSEAU. Ode 2. L. 1.

LA beauté de l'univers, sa variété, l'enchaînement merveilleux qui en lie toutes les parties les unes aux autres, prouvent l'existence d'un Dieu, font éclater sa puissance et triompher son nom de l'erreur et de l'athéisme. L'homme par le souffle divin qui l'anime est au-dessus de toutes les autres créatures. Dieu n'a point tiré notre âme de la matière; il l'inspira d'en haut : c'est un souffle de sa bouche adorable, qui nous fait concevoir, entreprendre et exécuter. Ah ! que ne devons-nous point à l'Eternel qui daigna nous faire participer, pour ainsi dire, à son essence divine, en nous créant à son image, en nous douant d'une raison et d'une intelligence qui nous rendent les maîtres de nos sens et ne nous laissent rien de comparable à la brute à qui il n'a donné pour toute action que des mouvements dépendants du corps ! Malheur aux insensés qui ont l'aveuglement de croire et de publier que le monde s'est fait et s'émeut de lui-même ! Le doigt de Dieu qu'ils outragent les frappera de mille maux honteux, et ils ne trouveront de consolation et de remède que dans la religion. La religion existe depuis la création du monde, et sa durée sera perpétuelle. Tous les peuples de la terre ont adoré un Dieu; tous ont chanté et admiré la puissance et la grandeur de cet Être qui s'est fait connaître à tous en les protégeant ou en les châtiant. L'homme qui oublie son Dieu se perd pour toujours. Ce Dieu, qu'on voudrait méconnaître et dont on veut nier l'existence, a prouvé qu'il était et que rien ne serait sans sa volonté. C'est lui qui conserva Noë au milieu du déluge universel ; c'est lui qui nous sauva de la mort éternelle en députant vers nous son verbe, pour, par son sang innocent, nous laver de nos crimes ;....... c'est lui enfin, ô Français, qui nous a arrachés des serres cruelles d'une aigle redoutable échappée des roches glacées de la Corse. Ne cessons donc jamais d'adorer notre Créateur ! Déposons sur ses autels un encens pur ! Honorons les humains que sa voix a appellés à se consacrer au service de ses temples ! Sans religion , point de société ; sans religion, point de vrai bonheur ni de salut.

O vous, pasteurs des fidèles, âmes généreuses qui avez renoncé aux vanités de ce monde périssable pour ne vous occuper que de votre félicité future et de celle de vos frères, écoutez aussi ma voix ! Le ciel vous rend responsables des crimes d'irréligion, d'impiété, de débauche et de révolte, dont se rendront coupables quelques sujets de la génération présente et des générations à venir. Que ceux d'entre vous qui n'ont point jusqu'ici apporté, dans la conduite du troupeau qui leur a été confié, tout le zèle ni toute la charité des véritables pasteurs de l'église de Jésus-Christ, songent enfin aux saintes obligations qu'ils ont juré de remplir sans relâche et sans fiel ni dégoût ! Qu'ils se rappellent, ou qu'ils sachent qu'ils ne doivent prêcher que des maximes équitables et qui soient d'accord avec le vœu et l'intérêt de la patrie ! que la tolérance et la piété pure soient toujours leurs guides les plus fidèles ! que leurs bouches ne s'ouvrent donc désormais que pour annoncer la parole d'un Dieu de paix, d'un Dieu de clémence et de miséricorde ! qu'ils appellent sans cesse aux pieds des saints autels les jeunes-gens dont les cœurs brûlent déjà du feu dévorant des passions les plus fougueuses ! qu'ils leur enseignent à chérir la vertu, à fuir le crime, à obéir aux lois, et à respecter les magistrats ! qu'ils les entretiennent souvent des belles actions et des sacrifices des martyrs de la foi et de la fidélité ! qu'ils s'attachent enfin à donner à toutes les classes de la société les plus beaux exemples de toutes les vertus ! Alors les ministres de la vraie religion seront respectés et chéris; alors, pasteurs des âmes, vous aurez la douce satisfaction de voir rentrer dans le sein de l'Eglise catholique des peuples entiers qui s'en étaient écartés depuis long-temps. Dignes héritiers des vertus, du courage et de la charité des premiers apôtres de l'évangile, vous aurez donc aussi la gloire d'avoir contribué au bonheur de la France, ou, pour mieux dire, peut-être d'avoir assuré le repos de l'Etat.

CHAPITRE IX.

A tous les Français.

> Étouffons dans l'oubli nos indignes querelles.
> O FRANÇAIS, qu'il ne soit qu'un parti parmi nous,
> Celui du bien public et du salut de tous.
>
> *VOLT. (Tancréde.)*

L'ORGUEIL et l'arrogance de la noblesse, les prétentions et la désobéissance du clergé, l'irréligion et la turpitude du peuple, ont amené cette révolution terrible qui a failli dévorer la patrie, et dont l'histoire sanglante et inouïe arrachera des larmes à la postérité. Ne nous déguisons point cette honteuse vérité; elle n'est, hélas! que trop universellement établie. Que nous reste-t-il à faire!.... qu'à pallier nos erreurs par une réconciliation générale et sincère qui, en nous élevant à la hauteur d'un Monarque pieux, nous mérite sa confiance et son amour, et nous attache l'estime des nations.

Nobles et roturiers, riches et pauvres, réunissez-vous donc sous la croix et le lys! jurez vous l'oubli de vos fautes! elles sont grandes de part et d'autre! mais ne vous en souvenez tous désormais que pour les maudire

et éviter d'y retomber un jour. Ralliez-vous, Français;
pressez-vous sous la bannière sans tache : environnez le
trône : déposez aux pieds de votre Roi, de votre père, vos
richesses, vos trésors. Vous ne faites, ô peuples chéris du
ciel, qu'une seule famille ! Louis en est le chef. Venez
tous entendre ses paroles de clémence : venez lire sur son
front, et dans ses regards où se peignent la grandeur et
la majesté de ses nobles aïeux, le pardon de vos fautes,
et l'assurance du bonheur dont il veut vous faire jouir,
et que vous verrez bientôt éclore. Ne retardez point, par
quelques nouveaux crimes, la naissance de ces jours de
gloire et de prospérité..........

Mais quels cris........ quels murmures remplissent les airs
Que veut ce vieillard que l'âge accable et que la raison
abandonne ! Il se plaint........ O démence ! il traite de
chimère le bonheur qu'on nous promet; il prétend que
la félicité qui s'avance et nous sourit, n'est qu'un fantôme
que nos désirs et nos besoins enfantent. « Le destin,
» s'écrie-t-il, nous est contraire : mes veilles, mes travaux
» sont inutiles. O jours de honte et de deuil ! La tombe
» s'ouvre sous mes pas...... elle va m'engloutir...... et je
» n'aurai point vu la France heureuse !......... » Arrête,
malheureux, qu'oses-tu dire ! Ne dois-tu travailler que
pour toi ? n'as-tu pas des enfants, au bonheur, à la tranquillité desquels tu dois constamment songer ? Ingrat ! le
ciel t'a rendu ton Roi, et avec lui l'honneur et la paix. Ces
trésors ne sont-ils donc rien à tes yeux ? Tu soupires après
un entier bonheur ! qu'as-tu fait pour le mériter ce bonheur,
que tu dis ne devoir jamais exister ? Mortel aveugle !
souviens-toi que Dieu ne promet rien envain. Mais ton
indifférence, ton orgueil, ta paresse, tes craintes injustes,

ton humeur inquiète, ton égoïsme, ton impiété, voilà les vraies causes de tes calamités, voilà ce qui empêche le bonheur et la félicité de descendre sur ta malheureuse patrie. Veux-tu vivre heureux, mourir sans inquiétude, sans alarmes ? ne songe donc qu'à faire le bien ; occupe-toi du sort de tes enfants ; regarde-les prosternés à tes genoux, vois couler leurs pleurs, entends leurs vœux, leurs prières ; oublie enfin tes infirmités, ta vieillesse, et coopère de toutes tes forces à l'achèvement du grand œuvre. Si tu peux arriver au port, au moins tu découvriras sur la plage peu éloignée le bonheur et les jeux, les ris et les amours, établissant leur empire à l'ombre pacifique des lys, et tu t'écrieras avec attendrissement, en voyant approcher la mort livide : « frappe, ô mort, frappe enfin, je meurs » heureux ! J'ai vu le génie protecteur de la France sourire » à mes enfants : le ciel ne les abandonnera point. J'ai » dirigé leurs pas tremblants dans le sentier étroit et épineux » qui conduit au but désiré par le sage....... ils l'attein- » dront....... » Oui, vénérable vieillard, ils l'atteindront le but vers lequel tendent tous les efforts de l'homme de bien : ils seront heureux, tes enfants, parcequ'ils mériteront de l'être. Héritiers de tes vertus et de ta fidélité à ton Roi et à ta Patrie, chacun d'eux sera un jour pour ses contem- porains le modèle d'un bon père et d'un bon Français.

CHAPITRE X.

A l'Adolescence.

> Le bonheur de l'impie est toujours agité.
> Il erre à la merci de sa propre inconstance.
> Ne cherchons la félicité
> Que dans la paix de l'innocence.
>
> RACINE. (*Esther.*)

IL saura me comprendre l'enfant qui sourit aux refrains guerriers que répètent dans leurs champs, penchés sur leur lourde charrue, nos robustes villageois, naguère la terreur du Germain et du fier Castillan. Il m'entendra aussi l'adolescent studieux qui pousse des cris d'admiration en lisant le récit des belles actions d'Alcibiade et de Thémistocle......

Accourez, jeunes amis, l'espoir de la patrie et l'amour de vos parents ! venez écouter les leçons d'un tendre père ! approchez, et répondez par votre docilité à l'intérêt que m'inspirent votre jeunesse et votre inexpérience ! Pour être heureux il faut aimer la vertu, faire le bien, et fuir les hommes corrompus qui ne connaissent d'autre Dieu que leur corps, d'autre loi que leur volonté. Pour être heureux, il faut ne laisser échapper aucune occasion d'obliger ceux de vos semblables que leur sage conduite rend dignes de votre estime. Il faut ne vous confier qu'en Dieu seul, et ne jamais trop compter sur vos propres forces. Vous devez défendre l'innocent contre le coupable, soutenir le faible contre le fort, et protéger le mérite contre l'insolence et le vice. Pour être heureux enfin, ô mes chers enfants ! soyez francs, sincères, humains, affables ; chérissez vos parents, aimez votre Roi, soyez lui toujours dévoués et fidèles ; que vos cœurs, ouverts à tous sentiments généreux, conservent, au milieu même de l'adversité, leur noblesse et leur constance ; que votre bonté ne vous porte jamais à vous intéresser pour quelque citoyen indigne de toute protection, et méprisable jusque dans son malheur même. Sachez aussi que la Patrie ne reconnaît pour ses enfants que les Français véritablement justes, intègres et désintéressés : ceux-là seuls seront heureux, ceux-là seuls trouveront toujours dans leur Roi, un protecteur, un père. Louis et ses successeurs ne récompenseront que le mérite : et sous le gouvernement des Bourbons jamais on ne vit, et jamais on ne verra l'ignorance et le crime disputer long-temps à la vertu et aux talents la gloire de dispenser au peuple les bienfaits de ses rois. O bons enfants, retenez bien mes conseils ! Suivez la route que je vous trace : les épines dont vous la croyez hérissée se changeront bientôt en fleurs. Déjà vous voyez devant vous le prix honorable que réserve au mérite la justice éclairée du Monarque ; déjà les degrés des places les plus éminentes s'offrent à vos regards ambitieux : formez-vous donc à la vertu, afin de pouvoir un jour les occuper dignement. Mais ayez soin, pour ne point rougir de votre grandeur, de ne devoir votre élévation qu'à vos bons principes et à votre fidélité ; et n'employez jamais l'intrigue ni la cabale pour parvenir aux honneurs et aux dignités.

Cependant, loin de mépriser une protection généreuse, cherchez au contraire à la mériter de plus en plus, et répondez à sa sollicitude par la pratique de tous les devoirs de l'homme de bien.

CHAPITRE XI.

A la Jeunesse.

> Heureux qui des mers atlantiques
> Au toit paternel revenu,
> Consacre à ses dieux domestiques
> Un repos enfin obtenu :
> Plus heureux le mortel sensible,
> Qui reste, citoyen paisible,
> Où la nature l'a placé,
> Jusqu'à ce que sa dernière heure
> Ouvre la dernière demeure
> Où ses aïeux l'ont devancé !
> GRESSET. (*Ode* 2. *Amour de la patrie.*)

METTEZ sous les yeux d'un jeune homme vif et pétulant les actions héroïques des Grecs et des Romains, ou mieux encore celles de nos preux immortels : son âme tout-à-coup, saisie d'un sentiment sublime, et avide aussi d'une glorieuse renommée, s'enflammera d'amour pour sa patrie ; et ce jeune citoyen se consacrera dès-lors aux devoirs les plus nobles et les plus difficiles à remplir : il fera le serment de soutenir l'honneur de son pays, et de défendre les droits et la vie de son Roi. Loin de chercher à s'acquérir une vaine gloire en courant le monde, il se fixera auprès du trône des lys ; et les actions généreuses et désintéressées appelleront sur lui la munificence royale et les bénédictions du peuple.

Jeunesse bouillante et brave, arrête : où cours-tu ! laisse-là les projets gigantesques que forme ton imagination ardente. Les biens que tu cherches n'existent point. Ces honneurs, cette opulence que te promet le démon des voyages au delà des gouffres de l'océan ne sont que des chimères. Chasse de ton cœur les désirs qui le dévorent. Reste dans ta patrie. Arme ta main du soc et de l'épée, et rends-toi au premier signal sous les drapeaux du Roi. Souviens-toi ou bien apprends que les premiers Romains chargés des dépouilles de leurs ennemis n'ont jamais eu honte de cultiver eux-mêmes leurs champs. Plusieurs fois ce peuple, dont la gloire sera éternelle, fut arracher à la charrue ses consuls, ses dictateurs : et ces braves généraux, ces chefs incorruptibles, après avoir vengé et enrichi la république, retournaient à leur humble maison de campagne vivre de racines qu'on leur servait dans des vases de terre, et s'occuper jour et nuit, non de leur félicité personnelle, mais toujours de la félicité publique........ O âge heureux ! ô vertus rares et saintes ! quelle sobriété !........ quel désinté-ressement ! quels beaux exemples !........ Français, ne servez la patrie que pour la rendre respectable et heureuse. Ne cherchez point, en la servant, d'autres richesses que son bonheur et sa gloire. Ne demandez point la guerre, ne la désirez jamais : vous connaissez toutes les horreurs que ce fléau cruel entraîne à sa suite. N'attaquez jamais, contentez-

vous de vous défendre : combattez avec courage et prudence :
soyez humains, pardonnez : ne vous enflez point de vos succès,
ne vous abattez point dans l'adversité : soyez justes et fidèles.
Alors Dieu vous protégera ; ses redoutables et invincibles
phalanges combattront pour vous : vous triompherez de vos
ennemis : ils demanderont la paix ; et vos drapeaux victorieux brilleront sans tache sur les tours de vos riches et
populeuses cités, et sur les remparts orgueilleux de vos
villes frontières.

CHAPITRE XII.

Aux vieux guerriers et à l'armée de réserve.

Ces généreux Français, ces illustres vainqueurs,
Subjuguaient l'univers, et conquéraient les cœurs.
On aimait leur franchise, on redoutait leurs armes ;
Des soupçons n'entraient point dans leurs esprits altiers.
L'honneur avait uni tous ces grands chevaliers :
Chez les seuls ennemis ils portaient les alarmes.

VOLT. (Tancréde.)

LES guerriers français ont surpassé en valeur et en vertus
les héros de l'antiquité. Que l'Egypte ni l'Assyrie ne s'énor-
gueillissent point de leurs Bélus, de leurs Sésostris, ni de
leurs Cyrus. Que la Grèce ne se glorifie point de ses Aga-
memnons, de ses Achilles, ni de ses Alexandres. Que les

Romains ne vantent point leurs Scipions, leurs Pompées, ni leurs Césars. Que sont ces conquérants, ces généraux ! qu'ont-ils fait qui puisse les élever au-dessus des Français ! Bélus voulait dompter l'orient, Sésostris conquérir le monde, et Cyrus enchaîner le Tigre et l'Euphrate. Le farouche Agamemnon n'arma la Grèce que pour venger Ménélas de l'infidélité d'une femme........ Le bouillant Achille ne combattit que pour priver Troie du plus vaillant de ses héros. Le jeune Alexandre ne renversa l'empire des Persans que pour s'assurer davantage la conquête de l'Inde. Scipion ne rasa Carthage que pour la punir de la gloire d'Annibal ; Pompée voulut être le premier des Romains ; et César ne servit la république que pour régner un jour sur l'univers.

Les Français, plus grands dans leurs desseins, plus nobles dans leurs actions, ne se sont jamais armés que pour l'intérêt du ciel et du monde. Charlemagne ne s'avança à la tête de ses pairs que pour punir les traîtres et les rebelles : il ne franchit les Alpes que pour arracher Rome aux fers des Sarrasins : victorieux, il se déclara le protecteur de l'Eglise ; et élu empereur par le choix du peuple, il éleva la grandeur temporelle du Saint-Siège, et acquit à ses successeurs le titre sacré de *Fils aînés de l'Église*. Godefroy-de-Bouillon, général des croisés, n'envahit la Palestine que pour la délivrer du joug honteux des Infidèles ; il n'assiégea Jérusalem, et ne monta sur le trône de David que pour rendre au berceau de notre religion son ancien éclat, et faire respecter le tombeau du Sauveur du monde. Saint-Louis ne passa en Afrique que pour y planter la Croix, et forcer les Maures à renoncer à leurs infames pirateries. Henri IV, le modèle des Rois, ne combattit la Ligue qu'afin de faire triompher la légitimité de ses droits au trône des Lys, que lui disputaient le fanatisme et l'ambition. Louis-le-Grand, dans ses vœux équitables, ne s'arma contre les rois que pour les forcer à être justes ; et il sut inspirer à la terre la crainte et l'admiration. Louis XVI, le plus humain et le plus vertueux des hommes, ne voulut jamais permettre qu'on repoussât par les armes l'agression de quelques vils sujets, lâches instruments d'une odieuse perfidie : héroïsme d'autant plus grand, qu'il est inouï dans les fastes du monde. *Moreau, Pichegru*, et tant d'autres généraux illustres, n'ont servi la France, pendant les temps d'orages, que pour la rendre puissante ; en la servant ils ne voulaient et ne désiraient que sa gloire. Un seul alors s'est rendu l'égal des conquérants de l'antiquité ; un seul, dans toutes ses opérations et dans ses folles conquêtes, a montré qu'il travaillait à se frayer un chemin à l'usurpation....... Il a réussi : Dieu nous a châtiés par sa main. Buonaparte fut injuste, barbare, cruel : il surpassa en crimes et en turpitudes les Tibères et les Nérons ; mais il n'était point Français.

> Ce superbe ennemi des princes de la terre,
> Contre eux, contre leurs droits si fièrement armé,
> Tombe et meurt foudroyé par le même tonnerre
> Qu'il avait allumé.
>
> J. B. ROUSSEAU. (*Ode* 3. L. 4.)

Les Français naissent braves et généreux. Que de grands hommes ont péri dans les sables de l'Egypte, aux colonnes d'Hercule, dans les plaines de la Germanie, et dans les climats glacés de la Russie ! Que de Rolands, que de Bayards respirent encore à l'ombre du Lys triomphant !

Héros chers à la patrie, nobles et vaillants guerriers dont les lauriers ne se flétriront point, daignez être sensibles à mes accents ! Vous avez combattu pendant vingt-cinq années ; la victoire cent fois a couronné vos efforts ; vos bras nerveux ne se sont jamais lassés ; vos cœurs courageux n'ont jamais molli : mais répondez, braves soldats, dignes héritiers de la valeur de nos anciens preux ! avez-vous toujours approuvé les guerres que vous avez amenées à des fins si glorieuses pour vous seuls ? n'avez-vous jamais rougi de vos triomphes ? O âmes fières et invincibles, vous avez gémi des maux qui voſaient sans cesse sur vos pas accuser vos trophées ! vos larmes souvent [j'en fus témoin] se sont mêlées aux larmes des malheureuses victimes du patriotisme et de la fidélité. Vous avez secrètement condamné, maudit l'ambition, l'égarement, la fureur du despote altier qui vous avait enchaînés à son char. Le zèle, la bravoure, et l'amour de la patrie vous aveuglaient. Partout la gloire s'offrait à vos yeux avides et enflammés, et partout vous cherchiez ses faveurs et son éclat. Soldats intrépides, le ciel vous pardonne ! Dieu lit dans vos cœurs, fermés à la trahison et à la lâcheté ; et il sait, et il nous a fait connaître ce que vous êtes capables de faire pour le salut de l'Etat [*]. Ce Dieu qui vous protégea toujours, ce Dieu qui vous rendit tant de fois victorieux, vous prépare la palme immortelle ; mais pour la mériter et l'obtenir enfin, consacrez tous dès ce moment vos jours et vos forces à la défense du trône de St.-Louis, à l'affermissement de l'autorité légitime, à l'accomplissement des vœux du meilleur et du plus sage des Rois, et à la conservation d'une paix après laquelle tout le genre humain soupirait.

---

[*] Personne n'ignore le dévouement que tous ces braves ont montré pendant les troubles de l'hiver de 1817.

CHAPITRE XIII.

Aux Gardes Nationales.

> Mourir pour la Patrie est doux et glorieux. (*)
> P. DARU. *Trad. d'Hor.*

Tous les Français sont soldats : ne l'oublions point. Soyons toujours prêts à repousser les entreprises de nos ennemis. Veillons à notre gloire, soutenons notre honneur, et défendons les droits du trône et de la nation.

Braves Gardes nationales, et vous encore, courageux militaires rentrés dans vos foyers pour y attendre votre rappel sous les drapeaux, ou pour y jouir enfin de votre gloire, vous avez tous bien mérité de la patrie ! Votre conduite sage et ferme vous a acquis un droit à la reconnaissance publique. Vous avez défendu la loi, protégé le commerce, affermi l'autorité, et ramené l'ordre et la tranquillité. La France, sans doute, vous doit son repos. Le Roi vous récompensera. De même que le glaive de Thémis atteint bientôt le crime et la rebellion, de même aussi les honneurs suivent de près les actions héroïques et la fidélité. Français, tenez toujours cette conduite : elle vous a mérité

[*] Dulce et decorum est pro Patriâ mori.
HORACE. *Ode 2, lib. 3.*

l'estime et la confiance de vos Princes et de la Patrie...........
Quelle douce récompense ! Gardes nationales, vous avez
été armées pour la sureté des villes et des campagnes ;
pour garder les dépôts, les caisses et les magasins publics ;
pour faire respecter les magistrats ; pour travailler avec eux
à la répression des crimes et des délits. Vous avez montré
que vous étiez dignes de la confiance que le Roi vous a
accordée. Votre illustre Colonel-Général, ce preux, ce
loyal chevalier, dont les vertus et son amour pour les
Français méritent si justement votre attachement et votre
obéissance, a bien voulu porter aux pieds du trône la relation
honorable de vos belles actions. Français, ne vous servez
de vos armes que pour défendre le sceptre et vos droits :
soyez sans cesse unis : n'ayez tous qu'une seule et même
opinion : réunissez-vous, et ne combattez que pour la
légitimité, la charte et la paix.

CHAPITRE XIV,

A l'Armée.

C'est peu d'être un guerrier ; la modeste douceur
Donne un prix aux vertus, et sied à la valeur.
VOLTAIRE (Tancrède.)

LA victoire reposera toujours à l'ombre de nos drapeaux.
Le courage de nos guerriers nous répond du triomphe......
Qui pourrait le leur disputer ! Ils ont fait trembler

l'Europe, et jamais ils n'ont été vaincus. A la voix de Louis seulement ils ont mis bas leurs armes : à la voix de Louis seulement ils reparaîtront sous les drapeaux. Leur noble obéissance à la loi du licenciement doit rassurer la patrie sur leur fidélité présente et future... Quiconque oserait en douter insulterait à leur gloire, et même à la France entière, qu'ils ont servie avec tant d'honneur et de résignation.

Officiers et Soldats, Braves qui composez la maison du Roi et les légions, gardez les serments de fidélité que vous avez prêtés si solennellement en face des autels, et en présence des peuples assemblés. Ne trahissez ni ne désertez jamais l'étendard sacré des Lys. Observez toujours et partout la plus exacte discipline. Aimez-vous, estimez-vous, obligez-vous réciproquement. Votre union vous rendra invincibles. Soldats, étouffez dans vos cœurs tous sentiments de vengeance et d'animosité. Soyez humains..... Vous êtes français ; ne déshonorez point ce nom, autrefois tant aimé. Faites-le respecter, mais qu'on ne le craigne point ; car, hélas ! la haine est presque toujours inséparable de la crainte. Attachez-vous donc à acquérir l'estime, l'amour même de vos ennemis. Si jamais Bellone vous appelle aux combats, respectez l'innocence, soulagez l'infortune, combattez avec courage, triomphez avec generosité, et pardonnez toujours. Le Roi, les Princes, le veulent ainsi : la patrie, la religion l'exigent ensemble : et vos intérêts vous engagent à suivre ces préceptes qui sont du droit des nations...... Mais, que dis-je !...... L'ombre de vos lauriers s'étend assez autour de vos têtes couvertes de tant de nobles cicatrices, pour que l'ambition et le désir de signaler de nouveau votre courage ne trouvent plus accès dans vos grandes âmes. Maintenant, vaillants guerriers, reposez-vous à l'ombre des lys, du myrthe et de l'olivier. Le démon des combats est enchaîné pour long-temps ; les furies ne font plus entendre leurs hurlemens que dans les noirs abymes du tartare ; la mort aujourd'hui ne plane que sur la vieillesse décrépite ; et la foudre ne gronde et ne tombe plus enfin que sur les rebelles et les scélérats. Lés Princes de l'Europe ont tous accédé à la Sainte-Alliance : ils ont promis à la terre une paix profonde et durable...... Rassurez-vous donc, ô Nations ! le ciel s'est vengé, sa colère est éteinte, et le courroux des Rois n'éclatera désormais que pour punir les peuples pervers qui refuseraient de se conformer aux traités.

CHAPITRE XV.

Aux Négocians.

O jours, ô temps féconds en saints modèles,
Où tous les cœurs, équitables, fidèles.
Ne connaissaient de biens purs et parfaits,
Que l'amitié, la justice et la paix :
Où le vieillard mourait dans l'innocence,
Où l'opulent signalait sa puissance
Plus par ses dons que par ses revenus :
Siècles heureux, qu'êtes-vous devenus !

R. (*Allégorie* 1. *Livre* 2.)

Depuis que la bonne foi, chassée de nos climats par

la fraude et l'hypocrisie, ne préside plus à nos actions, tous les maux renfermés dans la funeste boîte de Pandore ont inondé la France. L'espérance même pendant long-temps nous avait abandonnés : mais aujourd'hui les vertus du Monarque que le ciel nous a envoyé, nous ont rendu cette chère espérance que va combler enfin un bonheur réel et parfait.

Négociants français, écoutez aussi. La prospérité de votre pays dépend encore de la délicatesse et de la probité que chacun de vous doit apporter dans toutes ses affaires commerciales et autres, tant avec ses compatriotes qu'avec les étrangers. Vous vous enrichirez; vous jouirez d'une bonne réputation; tout le monde aura confiance en vous, si vous ne trompez point, si vous remplissez religieu-sement toutes vos obligations. Vous ne devez jamais entreprendre au delà de vos moyens. Exposer toute sa fortune est déjà une action imprudente et très-coupable : mais oser hasarder la fortune d'autrui, entreprendre des expéditions ruineuses avec l'or de ceux qu'on a trompés, éblouis, oh ! voilà l'action la plus lâche et la plus criminelle. Négociants, soyez donc assez sages, assez délicats, assez justes, pour ne point vous compromettre aussi indignement. Travaillez, vendez, achetez, échangez, mais ne trompez point. N'exposez aussi qu'une partie de votre bien, afin que si tout-à-coup quelque malheur vous survenait, vous pussiez encore élever honorable-ment votre famille.

———※———

CHAPITRE XVI.

Aux Usuriers.

> Trop heureux, qui du champ par ses pères laissé
> Peut parcourir au loin les limites antiques,
> Sans redouter les cris de l'orphelin chassé
> Du sein de ses dieux domestiques !
>
> ROUSSEAU. *Ode 3. Livre 2.*

LES hommes qui se livrent à l'usure sont indignes de la vie. La terre ne peut se voir souillée par des monstres plus hideux. Il existe de ces mortels, insensibles, inhumains, dont les désirs n'ont jamais connu de bornes. Les uns, sous le manteau de l'amitié, vous forcent à prendre leur or, et osent exiger de vous à l'expiration d'une année le double du prêt : les autres, plus odieux cent fois, offrent à titre de secours des grains souvent avariés, et viennent à la moisson enlever aux malheureux qu'ils ont trompés leur seule ressource, le pain de leurs enfants ; et souvent encore le champ de l'infortuné devient la possession du dol et de la fraude. O coupables hommes, puisse le destin, vous devenant contraire, engloutir un jour vos richesses acquises par cette voie, et vous réduire à mendier aux portes de ceux même que vous vouliez plonger dans l'indigence !..... Hâte-toi, divine Astrée, de reparaître en nos climats ! Viens, suivie du châtiment, relever tes autels sur les cadavres palpitants dé ces monstres que l'enfer seul inspire, mais qu'il ne pourra sauver de la juste vengeance des Dieux !

Grands capitalistes, ne prêtez point à un intérêt plus fort que celui que la loi autorise. Le ciel ne pardonnera jamais au barbare usurier. O vous, mortels avides, qui vous êtes, par la fraude, enrichis du bien d'autrui, restituez, il en est temps encore ! Rendez ce que vous avez acquis illégalement. Remettez à la veuve, le fruit de ses veilles; à l'orphelin, son héritage; au cultivateur malheureux, son champ, sa cabane, que vous lui avez escroqués. Rendez ee qui ne vous appartient point, et évitez de retomber dans le précipice qu'ont creusé sous vos pas l'avarice, l'ambition et l'inhumanité. N'acquérez désormais des biens que par des voies licites. Sachez que Dieu ne peut souffrir qu'un homme enlève à un autre les moyens d'exister; et sachez aussi que le Roi tient dans ses mains le glaive de la Justice, et qu'il en frappera tous ceux qui oseront fouler aux pieds et transgresser ses ordonnances, les lois qu'il a approuvées, et celles que la nature elle-même a gravées dans le cœur de chaque mortel. O Français, n'attirez point sur vous la malédiction divine ! Ne provoquez point les jugements de Thémis. Dieu, le Roi, veulent votre bonheur : mais ils veulent aussi que vous en soyez dignes. Le peuple français, rendu à la religion, à la bonne foi, à l'honneur, et aux vertus du premier âge du monde, doit être le peuple par excellence. Malheur donc aux mauvais citoyens qui auraient la vile intention et l'affreux aveuglement de vouloir tout bouleverser, tout abattre, tout mépriser, tout méconnaître, et tout violer ! le ciel s'armera contre eux de ses carreaux effroyables ; et l'impie et le méchant seront terrassés, et périront sous les coups d'une justice terrible et épouvantable.

CHAPITRE XVII.

Aux plus injustes, aux plus aveugles.

Celui dont la balance équitable et sévère
Sait peser l'homme au poids de la réalité,
En payant son tribut aux vertus qu'il révère,
Peut braver les regards de la postérité.

Rousseau. *Ode* 9. *Liv.* 3.

Personne ne put jamais, sans crime, douter de la clémence du Roi ; et on ne peut aujourd'hui, sans démence, nier la justice et la bonne foi de son Gouvernement.

O vous donc qui avez été égarés, et qui persistez encore dans votre aveuglement, qu'attendez-vous à revenir, à vous soumettre ! Attendez-vous que le ciel vous approuve en faisant des miracles selon vos désirs ; ou bien attendez-vous que les gens de bien se rangent de votre parti et arborent avec vous l'étendard de la révolte ! Insensés, jusqu'où osez-vous pousser l'égarement et l'insolence ! Le trône, victorieux de la barbarie des monstres révolutionnaires, de l'anarchie républicaine, et de l'injustice de l'usurpateur, ne pourra-t-il point se passer de vous !...... Tremblez, ou abjurez au plutôt vos erreurs ! Chassez, ô malheureux, chassez de vos esprits troublés les pitoyables raisonnements qu'une sotte haine et qu'un cruel entêtement opposent opiniâtrément à la justice et aux vœux de la nation. Ouvrez les yeux, et vos parents, vos amis vous recevront avec joie, et vous ferez partie du Grand Peuple. Dieu accomplira ses promesses envers nous, il nous rendra heureux ; et son bras invincible, armé de son tonnerre, foudroyera nos lâches ennemis et les anéantira. Voulez-vous, hélas ! être enveloppés dans cette réprobation éternelle ! non: vous êtes Français, et vous ne pouvez haïr le trône des lys ni la dynastie des Bourbons. Ne soyez donc plus incrédules ni rebelles : évitez le châtiment par un retour prompt et sincère, et attachez-vous à prouver que vous êtes encore des vrais enfants de la patrie.

CHAPITRE XVIII ET DERNIER.

A tous les Français.

> Oh ! qu'après de rudes tempêtes
> Il est agréable de voir ,
> Que les aquilons sans pouvoir
> N'osent plus gronder sur nos têtes !
> Que le repos est doux après de longs travaux !
> Qu'on aime le plaisir qui suit beaucoup de maux !
> Qu'après un long hiver le printemps a de charmes !
> Aussi , quoique ma joie excède mes souhaits ,
> Qui n'aurait point senti d'alarmes
> Pourrait-il bien juger des douceurs de la paix ?
> *Racine.* (*La nymphe de la Seine.*)

Enfin je m'adresse à tous. Riches , pauvres , magistrats , fonctionnaires publics, employés , ecclésiastiques , militaires , marins , écoutez attentivement mes dernières paroles.

Louis, je vous l'ai dit, Français, est votre chef, votre père. Les Princes sont les colonnes et l'ornement de son trône. Les Ministres sont les sages dépositaires de ses secrets , et ses confidents intimes. Ces grands-hommes qui jour et nuit s'occupent du bonheur général , et s'entretiennent sans cesse avec le Souverain des besoins et des réclamations de la Nation , maintiennent , par leurs lumières et leur fermeté , la paix au dedans et la bonne intelligence au dehors. Mécontents, soyez justes et cessez de murmurer. Le Roi a le droit de choisir ses ministres. Louis, si long-temps malheureux, et tant de fois trahi, a appris à connaître le cœur humain. La conduite énergique des Sages dont il s'est environné justifie assez son choix. Vous ne devez, aucuns, vous permettre de blâmer les actes du Gouvernement qui, prudent et juste, calcule, observe, et n'agit que dans les intérêts de la patrie. Que voulez-vous ! d'anciens usages, d'antiques prérogatives......... Insensés ! connaissez mieux le siècle ! Voudriez-vous recommencer la révolntion....... O aveuglement...... ô démence...... malheureux !...... Non, d'absurdes systêmes, contraires à nos besoins actuels, à nos mœurs, à la nature des choses, ne gâteront point le cœur des vrais Français, et ne leur feront point oublier les leçons de l'histoire, ni regarder avec indifférence les sanglantes catastrophes qui ont illustré les années orageuses qu'on a vues succéder au jour horrible où fut commis le crime le plus impolitique et le plus barbare. Obéissez donc. Louis désire, commande que tous ses enfants se réconcilient. Que les inté-rêts particuliers ou plutôt les passions se taisent enfin devant l'intérêt général.

N'oubliez pas, ô Français, que vous avez un Roi, une Charte, une Patrie. Sauvez la Patrie, défendez la Charte, et soutenez le Roi. Non, Français, non, vous ne serez pas ingrats : la violence des partis, s'il en existe encore, ne vous fera point manquer à l'honneur. Soyez prudents, modérés : l'univers vous regarde........... Français, servez fidèlement le Roi, parcequ'il vous aime; défendez la Charte, parce qu'elle assure vos droits et votre liberté; aimez, chérissez la Patrie, parceque cette tendre mère, que vous avez retrouvée après vingt-cinq ans d'horreur et de désastres ; vous a elle-même sauvés en rappellant dans son sein votre Prince légitime, autour duquel elle vous a réunis. Adorez le grand Roi qui marque tous les instants de sa vie par des actes d'équité, de justice et de bienfaisance. O peuples, ne vivez tous que pour le servir et l'aimer ! ne travaillez qu'à faire naître dans son cœur royal le plaisir et la joie, et la douce certitude qu'il vous a rendu heureux, et que vous le chérissez ! Venez tous, venez en foule au palais de vos Rois jouir du spectacle le plus touchant ! Accourez voir l'illustre fille du Monarque le plus avare du sang de ses sujets rebelles, répandre à pleines mains des secours sur l'indigent, et porter la consolation dans la chaumière du pauvre que des infirmités, ou que la honte et le désespoir retiennnent sur son lit de douleur..... O âme compatissante, c'est ainsi que vous vous vengez des privations et des tourments horribles que des monstres odieux vous firent autrefois éprouver dans les cachots où l'on garde au couteau de Némésis les traîtres et les vils criminels ! Accourez, peuples, accourez : voyez ces Princes, tous enfants du premier Bourbon, s'empresser à l'envi de soulager le malheur ! O sang pur et divin, ô anges secourables, qui pourrait vous haïr ! Vous aimez les Français, vous voulez leur bonheur et leur gloire : ah ! s'en trouverait-il encore d'assez ingrats, d'assez lâches, pour ne pas vous sacrifier leurs biens, leur fortune, leur vie ! Non, Princes magnanimes, non, il n'existe maintenant aucun sujet du Roi de France, capable d'une aussi basse trahison.

Français, prouvez à ces Princes, qui vous estiment, que vous êtes tous dignes de leur confiance : donnez leur tous cette certitude en faisant briller des vertus qu'ils chérissent, et qu'ils aimeront à récompenser. Prouvez leur votre amour :

Vous, *Grands et Riches*, par votre attachement aux principes du véritable honneur, par votre bienfaisance envers ceux qui gémissent dans la misère, et par le juste refus que vous ferez toujours de protéger le coupable et le méchant !

Vous, *Magistrats*, par votre intégrité, par votre zèle à réprimer le scandale, par votre promptitude à punir le crime, et par votre fermeté et votre justice !

Vous *Fonctionnaires publics et Employés*, par votre délicatesse, votre exactitude dans toutes vos opérations, et par votre stricte probité !

Vous, *Ecclésiastiques*, par vos sages préceptes, par des exemples continuels de charité, d'humilité, de religion pure, de bonne foi, d'amour de Dieu, et d'abnégation de vous-mêmes !

Vous, *Militaires*, par votre courage intrépide et prudent, par votre obéissance, votre exacte discipline, votre courtoisie, votre loyauté, votre humanité et votre clémence !

Vous, *Marins*, par votre sang-froid au moment du danger, par vos bonnes mœurs, votre subordination, votre sobriété et votre adresse !

Et vous, *Pauvres*, par votre résignation à supporter l'infortune et la misère, et par votre courageuse application à chercher des adoucissements à votre sort, en n'employant pour y réussir que des moyens justes et honnêtes !

Vous tous enfin, ô *PEUPLES*, digne du beau nom de *français*, prouvez aujourd'hui à votre Roi magnanime, à vos Princes généreux, par votre attachement à leurs personnes augustes, par votre dévouement à la cause légitime, par votre fidélité *au TRÔNE*, *à la CHARTE*, *et à la* **PATRIE**, que vous méritez encore l'amour des **BOURBONS**, et que vous êtes toujours dignes de leur confiance, et dignes aussi du bonheur inappréciable que le Ciel vous a accordé d'être revenus, après tant de crimes et de revers, sous leur égide et sous leur gouvernement paternel !!!

FRANÇAIS, l'œil de la Providence est ouvert sur vous : ne faites rien qui l'irrite. Pénétrez-vous bien de vos obligations, et n'attirez point sur vous le châtiment de l'antique Jérusalem. Le peuple de Sion, toujours rebelle, toujours méchant et toujours téméraire, ne voulut jamais écouter les avis de ses Sages. Son endurcissement, ses crimes attirèrent sur lui la vengeance divine. Tite parut, la ville fut renversée, le temple fut brûlé, tout fut perdu. Français, la misère, l'ignominie, qui se sont attachées aux pas des Juifs depuis leur dernière réprobation, et qui les accompagnent partout, attendent tous les peuples qui, comme eux, persisteront dans l'aveuglement et l'irréligion que le ciel leur reprochera par ses oracles. Je ne suis point un prophète de malheurs. Dieu me garde de jamais prédire à mes compatriotes, alors fidèles et sincèrement attachés à leurs devoirs, un avenir malheureux ! mais je ne puis m'empêcher de vous annoncer des maux irremédiables, et l'inévitable décret d'une ruine prochaine, si, pour la troisième fois, ingrats et parjures, vous osiez vous révolter contre le ciel, et vous rendre odieux à l'Europe, à tout l'univers.

O Français, profitez donc de mes préceptes et de mes conseils. Obéissez aux ordres, aux volontés suprêmes de l'Être souverain et éternel qui voit sous ses pieds les trônes

(57)

et les empires que Sa Toute-Puissance a élevés, et qu'un seul de ses regards, ou qu'un seul mot de sa bouche peut renverser et faire disparaître pour toujours. Peuples, remercions Dieu du pardon qu'il nous accorde ! Demandons lui sans cesse qu'il nous aide à faire le bien, à atteindre au but que tous les Français se proposent ! Implorons son assistance et sa sagesse dans toutes nos entreprises ! Supplions-le de nous protéger, d'éloigner de nous la discorde, la haine et l'aveuglement ! Prions-le de ne lancer ses foudres que sur les têtes des vils brigands qui oseraient faire entendre des cris de deuil et de révolte parmi nos actions de grâces, et nos chants d'amour et de repentir ! Conjurons le ciel, ô Français, de veiller sans cesse sur les jours précieux du GRAND ROI qui fait aujourd'hui toutes nos délices ! Obtenons par nos prières qu'il conserve long-temps à notre amour CES PRINCES et CES PRINCESSES, l'admiration du siècle ! conjurons-le encore de nous donner un nouveau rejeton du Sang de nos Rois, qui retrace à nos enfants les grâces et les vertus de ses illustres ancêtres ! Enfin prions-le tous de ne nous priver que bien tard des grands-hommes qu'il a placés aux pieds du trône des lys pour en raffermir les bases, en relever l'éclat, et en assurer l'existence glorieuse et éternelle !!!

> .... Nihil majus meliusve terris
> Fata donavere bonique Divi,
> Nec dabunt, quamvis redeant in aurum
> Tempora priscum.
>
> *HORACE. Lib. 4. Ode 2.*

A. Lizot.

AUX LECTEURS.

PLUSIEURS personnes auront sans doute jugé superflu et inutile la répétition des mêmes préceptes dans divers chapitres de cet ouvrage. Je ne suis point de leur avis. Notre indifférence pour tout ce qui concerne une morale pure et dégagée de toute erreur, a besoin d'être fatiguée par l'abondance des mêmes traits, des mêmes images, pour être vaincue et forcée de céder enfin sa place dans notre âme aux plus douces sensations, aux plus nobles sentiments. Je répondrai encore aux plus obstinés, que tout Français, pour mériter véritablement ce nom, doit être juste, loyal, bienfaisant, désintéressé, et entièrement dévoué à sa Patrie, à son Roi, et fidèle jusqu'au dernier soupir à la sage constitution qui nous a rendu l'honneur et l'indépendance nationale, et qui a enfin consolidé le principe de la glorieuse liberté individuelle, principe trop long-temps oublié, principe sacré et fondamental de toute société et de toute puissance qui veut résister aux épreuves du temps destructeur, et aux secousses des révolutions spoliatrices.

J'ai dû en conséquence prêcher les mêmes maximes à tous les Français. Tous m'auront sans doute entendu. L'enfance elle-même aura, j'en suis certain, souri à mes conseils paternels, qu'elle n'oubliera jamais. Ah ! puissions-nous tous, ô mes chers compatriotes, puissions-nous tous, unis par l'estime sous le gouvernement du meilleur des Roïs, voir bientôt notre belle patrie libre et rendue à son ancienne splendeur ! C'est le vœu de mon cœur........ c'est celui de tous les cœurs vraiment français.

A. LIZOT.